Ada Christen

Lieder einer Verlorenen

Dritte Auflage

Ada Christen

Lieder einer Verlorenen
Dritte Auflage

ISBN/EAN: 9783744684293

Hergestellt in Europa, USA, Kanada, Australien, Japan

Cover: Foto ©ninafisch / pixelio.de

Weitere Bücher finden Sie auf **www.hansebooks.com**

Lieder einer Verlorenen

von

Ada Christen.

Dritte Auflage.

Hamburg 1873.
Verlag von Hoffmann & Campe.

Inhalt.

Herzblut. I—XVII.

	Seite
O könnt' ich alles geben	5
Es fragen mich die Menschen	6
Ich blickte jüngst in mich	7
Ach nur einmal möcht' ich sinken	8
Nur eine Thräne gebt mir wieder	9
Ach ihr wißt nicht, wie sich's lebt	10
Von dem, was ich besessen	11
Heut' haben wir schönes Wetter	12
Ich hab' in langen Tagen	13
Ich weinte um den Frühling	14
Sieh', in dies dein theures Bildniß	15
Wenn ich ihn manchmal sah	16
Da sprach er so lieb und freundlich	17
Ach ja, es ist nur allzu wahr	18
Ich sehne mich nach wilden Küssen	19
Du hast mich unsäglich elend gemacht	20
Dein Vers hat nicht das rechte Maaß	21

In der Irre.

Abschied	25
Verloren I, II	
Evoe! Es klingen die Becher	27
Es rauscht und schwirrt das Saitenspiel	28

Seite

Champagner I—III.
   Ist dein Leben freudenleer 29
   Die lustigen Champagnergeister 30
   Wie man im Rausch noch denken kann 31
Wiedersehen 32
Eine Nacht 34
Einer 36
Elend I—VIII.
   Die Luft ist wie verpestet 37
   Und du bist auch so höhnisch mit mir 38
   Ist es nicht thöricht und kindisch schwach 39
   Lebend unter Niedern und Rohen 40
   Daß im Herzen mir erstorben 41
   Es giebt viel Elend in der Welt 42
   Hab' oft nicht zurecht mich gefunden 43
   So kommt und seht und staunt mich an 44
Menschen 45
Weiber 46
In der Kunstausstellung 47
Letzter Versuch 48
Auf! 49
Tragödie 50
Haltlos 51

Verheirathet I—VI.
   Links die zischelnden Komödianten 55
   Ausgespannt die magern Gäule 56
   Eine lange graue Fläche 57
   O habe Mitleid, laß mich nimmer 58
   Das Herz zersetzt und zerrissen 59
   Ich grüße dich, du alte Nacht 60

Neue Liebe, neues Leiden.
   Rückkehr 64

Seite

Auf dem Maskenballe I—III.
  Ei, wie schön du warst, als Laune 65
  Du schaust mein Antlitz ohne Maske 67
  In deiner Stimme bebt ein Ton 69
Erklärung 69
Mahnung 70
Bitte 71
Mein Kind 72
Todt 73
Erwachen 74
Erkenntniß 75
Muth! 76
So ist es 77
Sehnsucht 78
Logik 79
Nichts mehr 80
Grau I, II.
  Ist denn mein ganzes Sein verwirrt 81
  Ein trüber grauer Regentag 82
Wiedervereinigung I, II.
  Küsse mich, denn, ach! sie bluten 83
  Nein, ich will dich nimmer fragen 84
Nach Jahren 85
Epilog 86

Zueignung.

Es mahnt mich aus Deinem blauen Aug'
Ein todter Jugendtraum;
Da nickt ein blasses Mädchengesicht —
Ach ich erkenn es kaum.

Und ein entgötterter Himmel liegt
Vor mir — ach, Alles bricht! —
Doch mildert das letzte, grellste Bild
Das süße blaue Licht.

Herzblut.

I.

O könnt' ich Alles geben,
  Was dieses Herz bewegt,
Und all die tausend Gedanken,
  Die wüst mein Schädel hegt!

Es dränget heiß zur Lippe,
  Was mir das Herz zerbricht;
Ich kenn' es, ach, ich fühl es —
  Doch sagen kann ich's nicht!

II.

Es fragen mich die Menschen,
　Was mich so elend gemacht
Ich sag' euch, ich habe mein Elend
　Mit auf die Welt gebracht.

Es liegt in meinem Fühlen
　In dem halbentfesselten Geist,
Der aufwärts will und den Alles
　Zur Erde doch wieder reißt.

III.

Ich blickte jüngst in mich —
So recht in's Herz hinein
Und glaubte noch etwas zu finden
Von dem, was einstens mein.

Ich sah mein verlorenes Eden,
Mein versunkenes Paradies,
Mich selbst den gefallenen Engel,
Den Himmel und Erde verstieß.

IV.

Ach nur einmal möcht ich sinken
  Noch in deine Arme hin,
Und nur einmal noch vergessen
  Was ich war und was ich bin!

Ach nur einmal so dich sehen
  Wie du einst gewesen bist;
Und dann Alles wieder leiden,
  Was schon war und was noch ist.

V.

Nur eine Thräne gebt mir wieder,
　Nur eine einz'ge will ich haben!
Mit dieser Thräne aber will
　Das todeskranke Herze laben.

In diese Thräne will ich senken,
　Mein ganzes namenloses Weh,
Mit dieser Thräne will ich sagen,
　Was ich stets fühl' und kaum versteh'!

VI.

Ach, ihr wißt nicht, wie sich's lebt,
  Athmet in der Trunkenheit
  Einer Liebe, die befreit,
Die begeistert, die erhebt!
Ach, ihr wißt nicht, wie sich's lebt,
  Athmet in Versunkenheit
  Einer Liebe, die entweiht,
An der Schmach und Elend klebt!

VII.

Von dem, was ich besessen,
Ist wenig mir geblieben,
Von meinem süßen Träumen,
Von Glauben, Hoffen, Lieben!

Nur schmerzliches Erinnern
Ist's, was das Herz behielt,
Verachtung, Haß und Thräne —
Und eines Mannes Bild.

VIII.

„Heut haben wir schönes Wetter."
„„„O ja, recht schönes, mein Herr!"""
Das sind so unsre Gespräche,
So kalt, so dumm, so leer.

Du streichelst mir fragend die Wange,
Du kennst das gewisse Roth;
Für dich ist's nichts als Schminke —
Für mich: in der Brust der Tod.

IX.

Ich hab' in langen Tagen
 Gar oft an dich gedacht,
Ich hab' in langen Nächten
 Gehofft, geweint, gewacht.

Wie einstmals sitz' ich wieder
 Beim abgebrannten Licht;
Ich wache — aber hoffen
 Und weinen kann ich nicht.

X.

Ich weinte um den Frühling —
 Ich Thörin!
Ich weinte um die Blumen,
Die alle verblüht und verwelkt —
 Ich Thörin!
Wer weint um meine Jugend?
Wer weint um meine Träume? — —

XI.

Sieh', in dies dein theures Bildniß
  Möcht ich mich so ganz versenken;
Könnt' ich, ach! dem Bilde doch
  Athem, Leben, Sprache schenken!

Könnt' ich in die kalten Formen
  Gluth und Blut und Liebe gießen,
Könnt' ich diese lieben Hände
  Heiß zu heißem Drucke küssen! —

Ach, ich kann es nicht. Es bleibet
  Kalt und stumm in stolzer Ruh'!
Aber du bist gut getroffen:
  Denn es ist so ganz wie du!

XII.

Wenn ich ihn manchmal sah,
Hab' ich gezittert, gebangt;
Und dennoch wieder hab' ich
Nur ihn zu sehen verlangt.

Und wenn er im Vorbeigehen
Nur leicht mein Kleid berührt,
Hab' ich noch lang darüber
Mit den Blumen diskurirt.

XIII.

Da sprach er so lieb und so freundlich,
  So zärtlich, gütig und mild;
Man konnte beinahe glauben,
  Er hab' auch Alles gefühlt.

Doch plötzlich dieser Blick,
  Dies Lächeln — o mein Gott!
Dies höhnische Compliment —
  Ich wollt', ich wäre todt!

XIV.

Ach ja, es ist nur allzu wahr,
  Was nützt dir mein Lieben und Leben,
Und würd ich aus den Adern
  Mein rothes Blut dir geben.

Blut ist Blut und bleibt es,
  Und wird ja nie zu Geld,
Und Geld gehört zum Leben:
  Das ist der Lauf der Welt.

Mein Leben nützt dir nichts;
  Bezahlte man mich für's Sterben,
Ich stürbe ja gerne morgen
  Um Alles dir zu vererben.

XV.

Ich sehne mich nach wilden Küssen,
 Nach wollustheißen Fieberschauern;
Ich will die Nacht am hellen Tag
 Nicht schon in banger Qual durchtrauern.

Noch schlägt mein Herz mit raschem Drang,
 Noch brennt die Wang' in Jugendgluthen —
Steh' still, lösch' aus mit einem Mal!
 Nur nicht so tropfenweis verbluten.

XVI.

Wie unglücklich hast du mich gemacht!
  Und doch, ich kann dich nicht lassen;
Ich liebe dich stets mehr und mehr —
  Und sollte dich endlos hassen.

Mein letzter Stern ging unter,
  Als du dich von mir gewandt:
Da bin ich mit vollem Herzen
  J'ns leere Leben gerannt.

XVII.

„Dein Vers hat nicht das rechte Maaß,"
So will man mich verweisen,
„An Fluß und Glätte fehlt es ihm" —
Und wie sie's sonst noch heißen.

Sie zählen an den Fingern ab,
Verbessern wohl zehnmal wieder;
Ich leg' die Hand auf mein blutendes Herz:
Was das sagt, schreib' ich nieder.

In der Irre.

Ueber der dummen kurzen Komödie
  Sind ernste lange Jahre vergangen;
Es ward eine dumme lange Tragödie
  Und heiße Thränen durchfurchten die Wangen,
Ich hörte noch hinter mir zischen und lachen
  Als Leib und Seele zusammenbrachen.

Abschied.

Und als ich fortgezogen,
  Hab' ich in der letzten Nacht
Der Straße, wo er wohnte,
  Eine Abschiedsvisite gemacht.

Hab' angesehen die Steine,
  Die oft sein Fuß betritt,
Und dachte, wär' ich reich,
  Ich nähme sie alle mit.

Ich kam zu seinem Hause
  Und wußte selbst nicht wie,
Und hin bis an das Thor —
  Dort sank ich in die Knie'.

Und sah empor zum Fenster
  Und hab' es schmerzlich gegrüßt;
Ich habe mit heißer Lippe
  Die Stufen am Thore geküßt.

Ja selbst die kalte Mauer
   Berührte mein brennender Mund;
Doch hielt ich zitternd inne,
   Denn an mich hinan sprang sein Hund.

Und er stand hinter mir;
   Ich sah ihn schweigend an.
Da fragte er mich lächelnd,
   Was ich denn hier gethan?

Dies Lächeln war vernichtend,
   Ich rang nach einem Wort;
Dann sagte ich kaum hörbar:
   „Herr, morgen geh' ich fort."

Und abermals dies Lächeln,
   Das mich so elend gemacht:
„Ich wünsche glückliche Reise —
   Und mithin gute Nacht."

Verloren.

I.

Evoe! Es klingen die Becher:
Evoe! Es kreischen die Weiber,
Wilder, brünstiger klammern sich fest
Zum lüsternen Tanz die lüsternen Leiber.
Evoe! Die trunkene Lust
Kann uns der Himmel nimmer geben:
Aber die Hölle vergessen läßt —
Evoe! Dieses wüste Leben!

II.

Es rauscht und schwirrt das Saitenspiel;
  Sie faßten mich an zum Tanz.
Hei, wie der bachantische Kreis sich schwang
  Im blendenden Lichterglanz!

Sie preßten mir in die Hand ein Glas,
  Bekränzten mit Rosen mein Kleid:
Ich ward im Bachus Namen getauft
  Und der Frau Venus geweiht.

Und wie ich in dumpfer Betäubung
  Im Wagen bin gesessen,
Da sagte man mir lächelnd:
  So wirst du ihn vergessen.

Champagner.

I.

Ist dein Leben freudenleer —
 Trink' Champagner!
Ist das Herz von Gram dir schwer —
 Trink' Champagner!
Hast nicht Wunsch noch Thränen mehr —
 Trink' Champagner!
Trink' Champagner! Es bannt die Trauer
 Der leichte Franzose, der rosig glüht,
Jagt die sentimentalen Grillen
 Aus dem schweren deutschen Gemüth.

II.

Die lustigen Champagnergeister
  Die drehen sich jetzt im Kreis
Und mir im Kopfe summet
  Eine seltsam wirbelnde Weis'.

Sie glauben, daß ich trunken sei
  Und wollen mit mir spielen;
O hütet euch, im Rausche erst
  Erwachen die bösen Grillen.

Denn wenn ich oft recht toll gelacht,
  Gescherzt und mich heiser gesungen:
Hab' ich zu übertäuben gesucht
  Meine lauten Erinnerungen.

III.

„Wie Jener im Rausch noch denken kann?"
 Ihr meint wohl, daß die Gedanken,
So wie die schweren Füße
 Auch immer knicken und schwanken.

Mein Leben ist ein langer Rausch,
 Und weil ich dabei viel gedacht,
So hat mich das viele Denken
 Zuletzt noch nüchtern gemacht.

Wiedersehen.

Ich hatt' ihn lang nicht mehr gesehen —
Und mich beinahe todt gesehnt;
Ich kam zurück zu ihm —
Und habe mich glücklich gewähnt.

Drei Stunden stand ich vor dem Thor
Im Regen pudelnaß
Und holte mir einen Schnupfen
Und Husten so zum Spaß.

In später Nacht kam er nach Haus
Und sah mich im Mondenschein;
Erzählte, er habe Kopfweh
Von schlechtem Ofnerwein.

Dann sprach er von seinem Windspiel,
Daß es kein schön'res gibt;
Und dann von einer Todten,
Die er vor Zeiten geliebt. —

Und plaudernd ging er zu Bette
Und schlief sehr bald auch ein;
Ich aber mußte noch lange,
Sehr lange wach noch sein.

Der Mond schien still durch's Fenster,
Goß über den Schläfer sein Licht
Und sah, wie ich weinend küßte
Des blassen Mannes Gesicht.

Eine Nacht.

Ich hab' einen schönen Traum geträumt
  In einer langen Nacht;
Da warst du gut und freundlich mit mir,
  Doch hat's mich traurig gemacht.

Du hieltest mich an die Brust gedrückt,
  Unser Athem hat sich vereint;
Ich habe dir leise die Hände geküßt
  Und leise dabei geweint.

Du legtest die Hände mir auf's Haupt
  Und sahst mich forschend an;
Ich aber weinte immer fort:
  Du hast mir Leides gethan.

„Und hab' ich dir auch Leides gethan,
  Vergiß es nur geschwind
Und weine nicht" — so sagtest du,
  „Mein armes verlorenes Kind!"

„Du sollst nicht mehr verlassen sein,
Ich will dich hegen und pflegen,
Und weil du bald stirbst, so will ich
Dich selber zur Ruhe legen." —

Ich aber weinte immer fort
In der langen bangen Nacht —
Und bin wider einsam, verlassen
Am Morgen aufgewacht.

Einer.

Alle Herzen, alle Menschen
　Hatten sich von mir gewandt,
Und mit Zagen alle Lippen
　Meinen Namen bald genannt.

Da kam einer, sah in's Antlitz,
　In das thränenblasse mir:
„Unter Schweinen," sprach er traurig,
　„Fand die Perle ich an Dir."

Elend.

I.

Die Luft ist wie verpestet,
    Vergiftet, was ich seh',
Und alle Blicke sind Dolche
    Und jedes Wort ein Weh.

Die Herzen sind verschlossen,
    Erkennen mich nimmermehr;
Von Allen aber, von Allen
    Verkennt mich am meisten e r!

Und würd' ich's ihm erzählen,
    Ihm Alles sagen — o Gott!
Er würde auch dann noch lachen
    Und ich — ich wäre todt!

II.

Und bist Du auch so höhnisch mit mir,
   Und siehst du mich auch nicht gern,
So ist es mir dennoch manches Mal
   Als ständ' ich dir nicht so fern.

Als wären deine Gedanken
   Dennoch öfter bei mir;
Und wenn ich so denke und sinne,
   Dann treibt's mich hin zu dir.

Ich stehe zitternd vor deinem Haus,
   Mir ist, du müßtest mich holen;
Doch Niemand kommt und Niemand ruft —
   Und weinend enteil' ich verstohlen.

III.

Ist es nicht thöricht und kindisch schwach,
  Wenn ich so seufze und schwärme
Und tugendhaft und thränenreich
  Leib und Seele verhärme.

Das Gestern mag vergessen sein
  Sammt allen dunklen Sorgen,
Das Heut' ist mein — der Sonnenschein
  Vergessen macht das Morgen.

IV.

Lebend unter Niedern und Rohen
Zieht's mich mächtig empor zum Hohen;
Doch die Flügel beschwert mit Steinen,
Sink' ich auf's neue herab zum Gemeinen.
Müde des Eklen und Kleinen
 Eil' ich zur Lust, von Schmerz und Noth —
Und so begeistert vom Reinen,
 Erstick' ich noch im Koth!

V.

Daß im Herzen mir erstorben
  Alle, alle milden Keime,
Daß vom Elend überfluthen
  Meine Worte, meine Reime;
Daß in der entweihten Brust
  Dunkle Leidenschaften toben:
Menschen, das verdank' ich euch!
  Teufel müssen euch belohnen.

VI.

Es giebt viel Jammer in der Welt,
Viel tausend gebrochene Herzen;
An allen Ecken und Enden hallt
Der Aufschrei großer Schmerzen.

Ein Elend aber kenne ich —
Es kann kein größ'res geben;
Zwei kleine Worte schließen's ein —
Es heißt: verfehltes Leben.

VII.

Hab' oft nicht zurecht mich gefunden
  Da draußen im Gedränge,
Und oft auch wieder wurde
  Die Welt mir fast zu enge.

Dann liebt' ich schnell und lebte schnell
  Und schürte mein Verderben;
Der Pöbel johlte — ich lachte
  Zu meinem lustigen Sterben.

VIII.

So kommt und seht und staunt mich an!
　Ich bin schon, die ihr sucht:
Das Wunderthier, das, noch so jung,
　Der ganzen Welt schon flucht.

Doch fürchtet euch nicht, ich bin kein Thier,
　Das Menschen zerreißt und verschlingt:
Ich bin ein armes Wesen nur,
　Das von seinem Schmerzen singt.

Menschen.

Als ich, mit der Welt zerfallen,
  Schweigend ging umher,
Da fragten die lieben Menschen:
  Was quälet dich so sehr?

Ich sagte ihnen die Wahrheit;
  Sie haben sich fortgedrückt
Und hinter meinem Rücken
  Erklärt, ich sei verrückt.

Weiber.

Ich kam mit Thränen und wollte büßen,
  Was ich und Andere verschuldet;
Sie aber traten stolz mit Füßen
  Das Herz, das schon so viel erduldet.

Und Weiber waren es immer wieder,
  Die mich entrüstet mit Geißelhieben
So tugend=dumm und weiblich=nieder
  Vom neuen in die Irre trieben.

In der Kunstausstellung.

Was drängt die bunte Menge
  Sich gaffend um dies Bild?
Es ist ein junges Mädchen
  Mit Zügen krampfhaft wild.

Ihr alten eitlen Gecken
  Dränget euch nicht so nahe hin,
Reizt nicht an den zarten Formen
  Den abgestumpften Sinn.

Seht hinter euch — o sehet!
  Dort an der dunkelsten Stell'
Lehnt ohnmächtig von Hunger,
  Des schönen Bildes Modell.

Letzter Versuch.

Ich habe mich zu erhängen gesucht:
  Der Strick ist abgerissen.
Ich bin in's Wasser gesprungen:
  Sie erwischten mich bei den Füßen.
Ich habe die Adern geöffnet mir:
  Man hat mich noch gerettet.
Ich sprang auch einmal zum Fenster hinaus:
  Weich hat der Sand mich gebettet.
Den Teufel! ich habe nun alles versucht,
  Woran man sonst kann verderben —
Nun werd' ich wieder zu leben versuchen:
  Vielleicht kann ich dann sterben.

Auf!

Komödianten ziehen vorüber,
   Wüst verwitterte Gestalten
Mit verblichenen Gewändern,
   Lügnerisch verschminkten Falten.

Dieses übertünchte Elend
   Diese rohe Prahlerei
Ist doch einmal etwas Neues
   In dem eklen Einerlei.

Nehmt mich mit! Ich will das spielen,
   Was mich Welt und Liebe lehrte,
Und ihr sollt euch wundern, Leute,
   Wie mein Leben ich verwerthe!

Tragödie.

Die Glocke ruft — aufrauscht der Vorhang.
  Ach Kleine, ich seh' dein Ringen:
Du bist so traurig und mußt lachen;
  Ich hör die Thränen kichernd klingen,
Ich seh' Begeist'rung mit Verzweiflung streiten,
  Armes Kind, du leidest viel!
Lachend sterben, sterbend lachen
  Ist ein herzzerreißend Spiel!

Haltlos.

Moderne Zigeuner,
Wüste Gesellen,
Vagabunden des Lebens.
Die ringen
Und suchen —
Doch immer vergebens!
Einsame große Kinder
Mit halbem Wissen
Todtkrankem Herzen —
Und immer hinaus, immer weiter!
Nach außen keck,
Nach innen verjammert,
Den Rücken zerschlagen von der Hand,
An die sie vertrauend sich geklammert!

Verheirathet.

I.

Links die zischelnden Komödianten,
 Rechts von mir mein Bräutigam;
Hinter ihm die Anverwandten
 Zucken sich die Achseln lahm.

Vor mir mild der greise Priester,
 In mir keine Harmonie,
Auf den blonden lichten Locken
 Grüne Myrthenironie.

II.

Ausgespannt die magern Gäule
 Von dem morschen Thespiskarren;
Engagirt bin ich für's Leben,
 Nimmer weiter wird gefahren.

Auf dem kleinen Stückchen Erde
 Ist die Bude festgestellt —
Und der Kreis, der oft copirte,
 Ist nun wirklich meine Welt.

III.

Eine lange graue Fläche,
  Mitten drauf ein Schlößlein traut;
Weiß und voll im Winde schwanket
  Rings umher das Haidekraut.

Bei des Schlößchens Erkerfenster
  Steht ein Mann und jubelt laut;
Denn er hat jetzt in der Ferne
  Sein geliebtes Weib erschaut.

Jauchzend eilt er ihr entgegen,
  Küßt sie heiß auf Mund und Hand,
Ordnet die zerstreuten Locken
  Und das flatternde Gewand.

Und wie Kinder selig plaudernd
  Gehen sie nun Hand in Hand,
Und des Weibes Seele segnet
  Dankbar Mann und Haus und Land.

IV.

O habe Mitleid, laß mich nimmer
 Die Wunden der Gesellschaft schauen!
Denn bis in meine tiefsten Träume
 Drängt sich ein scheues, kaltes Grauen.

Auch hier die Sünde und die Lüge,
 Die sich so schwer vergessen ließ?
Auch hieher weht der gift'ge Odem? —
 Ich glaubte an ein Paradies!

V.

Das Herz zerfetzt und zerrissen,
  An allen Kräften gelähmt,
Gestürzt aus dem falschen Himmel
  Und ob des Glaubens beschämt! —

Von dem, was ich gelitten
  In kurzen, doch ewigen Tagen,
Versteinern alle Thränen,
  Verstummen alle Klagen! — —

VI.

Ich grüße dich, du alte Nacht,
    Bekanntes schwarzes Elend,
Du nahst dich mir so bitter vertraut,
    Erhaben stumm befehlend.

Ich wehre mich nicht: du bist mir lieb,
    Du bist verderbliche Wahrheit:
In deinem Dunkel liegt für mich
    Meines wirren Jammers Klarheit.

Neue Liebe, neues Leiden.

Rückkehr.

Zuckt nicht die Achseln, grüßt nicht so höhnisch
  Und wendet euch nicht so spöttisch ab!
Ich will kein Geld von euch entlehnen,
  Will nicht zurück, was ich euch gab.

Nicht euern Liebsten mehr gefährlich
  Bin ich und nimmer eurem Ruhm;
Der Kummer nahm mir meine Schönheit
  Und all mein Unglück macht mich dumm.

Ich komm' zu euch, weil fortgetrieben
  Vom sichern Strand mein Lebensschiff;
Ganz soll es scheitern, darum lenk' ich's
  Zurück zu euch —: ihr seid das Riff!

Auf dem Maskenballe.

I.

Ei, wie schön du warst, als Laune,
Wein und Lust im Aug' dir glühte!
Wofür hälst du mich denn plötzlich,
Daß du schwärmst jetzt von Gemüthe?

Lasse, Freund, doch die Komödie —
Wir sind viel zu klug zum schwärmen,
Heut' sich küssen, morgen scheiden,
Gibt uns keinen Grund zum härmen.

Dort die kurzgeschürzten Weiber
Mit den kecken Schellenmützen
Werden vor Gemüthsbewegung
Und vor Trennungsschmerz dich schützen.

Diese flinken Ballerinen,
Diese schönen nackten Sünden
Werden schwatzhaft, freundlich=boshaft
Was ich war und bin dir künden.

Sieh', ich schütz' dich vor Enttäuschung;
 Um uns wogt und rauscht das Leben!
Was das Heute rasch dir bietet,
 Mag das Morgen nimmer geben.

II.

Du schaust mein Antlitz ohne Maske,
Und doch verlässest du mich nicht;
So reizt dich doch das thränenblasse
Verhärmte Leidensangesicht?

Du drängst dich auch zu dem Gelage,
Das meiner Wiederkehr geweiht;
Du hörst es still und seltsam lächelnd,
Wie Jeder meinen Namen schreit.

Du sprichst so ruhig mit den Männern,
Die lachend meine Hände küssen;
Du stimmst mit ein in die Toaste,
Womit sie jauchzend mich begrüßen.

Was willst du mit den starren Blicken —
Ist's Spott, der mir entgegenschaut?
Laß ab von mir! Du bist ein Wesen,
Vor dem mir bangt, vor dem mir graut!

III.

In deiner Stimme bebt ein Ton,
Der Alles überklingt,
Und der mir wie ein schneidend Weh
Zum tiefsten Herzen bringt.

Wie riß doch dieser eine Ton
Mir auf die alten Wunden;
O daß ich nimmer ihn gehört
Und nimmer dich gefunden!

O laß das Heut' vergessen sein
Und mich sammt meinen Scherzen;
Es sind ja doch die Schreie nur
Der unheilbaren Schmerzen!

Erklärung.

Ich hörte heute dein Schwüre —
   Und es bewegt das Herz mir nicht,
Glaub' ich auch selbst, daß heiße Liebe
   Aus jedem deiner Worte spricht.

Denn unwillkürlich muß ich denken
   Der Zeit, wo du dich wirst bemühn,
Mit leeren Phrasen zu verhüllen,
   Des leeren Herzen matt'res Glühn.

Wo endlich du des Kämpfens müde
   Und satt der selbstgewählten Ketten,
Schamlos dein eignes Wort verleugnend,
   Ein Judas vor mich hin wirst treten.

Mahnung.

Es beugt das stolze Haupt sich schwer,
  Und schwer der starre Sinn,
Und dennoch fühl' ich, daß ich längst
  Nicht mehr ich selber bin.

Ich weiß nicht, was noch kommen wird,
  Doch ist mir oft so bang;
Oft reißt mich dir zu Füßen hin
  Ein mächt'ger Seelendrang.

Dein Aug' ist treu; du siehst mich an
  So innig und so tief —
Und dennoch ist's, als ob hinweg
  Von dir mich mein Engel rief'.

Bitte.

Sei nicht so hart, wenn aus der Brust
  Ein Mißton sich mir ringt,
Wenn oft ein trotzig-wildes Wort
  Gar zu unweiblich klingt.

Hab' sonst nicht viel danach gefragt,
  Was zahme Weiberart,
War niemals sanft und selten still —
  O sei darum nicht hart.

Ich müh' mich jetzt, so recht zu sein
  Wie andre Weiber sind,
Und der Beweis, wie sehr mir's Ernst,
  Ist wohl mein kleines Kind.

Mein Kind.

Ich habe keine Schmerzensworte,
  Hab' keine Thränen, kühlend lind,
Hab' nicht Gebete, stille fromme —
  Und sterbend liegt vor mir mein Kind!

Es preßt mir Kopf und Herz zusammen
  Die Luft, sie flimmert blutig roth —
Stirb nicht! Mit dir stirbt Alles, Alles —
  Mein letzter Halt wär' mit dir todt! — —

Ist todt! — Ein leiser, kurzer Schrei —
  Das Köpfchen sinkt, das bleiche,
Und an die schmerzerstarrte Brust
  Drück ich die kleine Leiche.

Todt.

Mir ist, als wär der Himmel leer,
  Die Erde nur ein weites Grab,
Und jeder Stern rings ausgeglüht,
  Dem Herzen gleich, das Alles gab.

Und ich, das Grabmal meines Ich's,
  Steh' öd' und still und ganz allein;
Es braust der Wind, der Regen weint.
  Kalte Thränen, auf kalten Stein . . . . .

Erwachen.

Mir war, als ob in dumpfen Schmerz
  Die Seele wollt' erlahmen —
Da plötzlich, schier halb unbewußt,
  Nannt' still ich deinen Namen.

Und nun im selben Augenblick
  Hat es mich überkommen,
Hab' mehr dich als mein Kind geliebt,
  Drum ward es mir genommen.

Erkenntniss.

Wenn mir's oft wie kalter Wahnsinn
   Durch das öde Denken rinnt,
Wenn die Seele, Hilfe suchend,
   Das Unmögliche ersinnt;
Wenn aus abgrundtiefen Schmerzen
   Sie empor zum Himmel schreit:
Fühl ich ganz und voll den Fluch erst,
Der da heißt „Vergangenheit."

Muth!

Zahmer Narrheit wäſſrig Seufzen,
  Feiges, kindiſch-weiches Beten;
Was man thöricht ſelbſt verſchuldet,
  Daraus ſoll uns Gott erretten!

Unſer Gott iſt vielbeſchäftigt,
  Läßt uns jammern hier auf Erden,
Sagt: „wer viel geliebt, gelitten,
  Dem wird viel vergeben werden."

So ist es.

Du kennst mich nicht, du liebst mich nicht,
  Und Alles bist du mir;
Du hältst mich wie ein Spielzeug nur,
  Und Alles zieht mich zu dir.

Aus Moder, Schutt und Asche
  Schlagen heilige Flammen,
Dich wärmen sie nicht; — mein Leben
  Brennen sie zusammen.

Sehnsucht.

Die Nacht ist ruhig und duftig,
 Die Luft weht lau und lind;
Unter den Sternenaugen
 Such' ich die deinen, mein Kind!

Ich möcht dich sehen und küssen,
 Mein Einz'ges, das Alles mir gab,
Ich möchte still bei dir liegen
 Im kleinen stillen Grab.

Logik.

Es liegt voll seichter Logik
  Dein Brief in meinen Händen;
Du meinst, was einen Anfang gehabt,
  Das müss' auch wieder enden.

Ich kann mit solcher Weisheit
  Mich heute nimmer raufen;
Doch meine beste Logik wär',
  Ins' Irrenhaus zu laufen! —

Nichts mehr.

Nicht mehr die heißen, süßen Küsse,
   Nicht mehr die Worte mild und warm,
Nicht mehr den treuen Blick der Augen,
   Nicht mehr den Druck von deinem Arm.

Nichts mehr von allen jenen Wonnen
   Die Liebe hat und Liebe giebt,
Nichts will ich — um noch fortzuleben —
   Sag' nur, daß du mich einst geliebt!

Grau.

I.

Ist denn mein ganzes Sein verwirrt,
 Daß Alles ich jetzt anders schau';
Erscheint mir doch die ganze Welt
 Ein schmutzig Bild nur, Grau in Grau.

Ich lebte gern und lachte gern
 Wie sonst ein Menschenkind —
Doch Alles glotzt so fratzenhaft —
 Dies Grau, es macht mich blind.

II.

Ein trüber, grauer Regentag,
Kalt und unheimlich öd;
Der Himmel starrt so grau herein,
Die grauen Menschen so blöd.

Da schnell ein rothes Licht herein —
Den rothen Vorhang herab —
Das lügt dann wieder die Rosen mir
Die ich längst verloren hab'...

Wiedervereinigung.

I.

Küsse mich, denn, ach! sie bluten
    Alle noch die jüngsten Wunden,
Küsse mich, daß ich vergesse
    Alle die verfluchten Stunden!

Laß mich von den süßen Lippen
    Liebe und Vergessen saugen,
Laß mich sterben, überstrahlet
    Von dem Himmel deiner Augen!

II.

Nein, ich will dich nimmer fragen,
Ob du mich auch wirklich liebst;
Mit geschlossnen Augen nehmen
Will ich, was du gnädig giebst.

Mit gebundenen Händen stelle
Ich mich schweigend deiner Macht
Nichts mehr hoffend und nur fürchtend,
Einer Trennung ewige Nacht!

Nach Jahren.

Wie seltsam! Unser feiger Muth
  Läßt alle Schmerzen uns tragen;
O hätten wir doch den rechten Muth,
  Das lösende Wort zu sagen.

Wir laufen neben einander her
  Und werden müder und müder;
Ich werde blässer und kränker stets
  Und du wirst kälter und rüder.

O raffe dich auf und fasse Muth
  Und sei zum letzten Mal ein Mann.
Brich du mit einem Wort entzwei,
  Was ich nicht länger tragen kann!

Epilog.

Und sie beugt sich zähneknirschend,
  Aber seht, sie beugt sich doch!
Und sie trägt mit dumpfen Schweigen
  Jahre lang das schwere Joch.

Sie versteht, ermißt ihr Elend
  Ihren Jammer, ihre Schmach;
Sie erkennt, was sie verbrochen
  Und was man an ihr verbrach.

Und sie rüttelt an den Ketten —
  Fürchtet nicht, das sie sie bricht:
Denn sie beugt sich zähneknirschend
  Und — sie jammert ein Gedicht.